AF254054

RÉFUTATION

DE LA

LETTRE DE M. LOUIS BLANC

AU PRÉSIDENT DE LA RÉPUBLIQUE,

Par A. RUSTERUCCI.

—✦◈✦—

PARIS,

CHEZ TOUS LES LIBRAIRES DES NOUVEAUTÉS.

—

1849.

RÉFUTATION

DE LA

LETTRE DE M. LOUIS-BLANC

AU PRÉSIDENT DE LA RÉPUBLIQUE.

PAR A. RUSTERUCCI.

> N'ai-je donc commandé qu'à
> des pygmées, pour avoir été
> si peu compris ?
>
> NAPOLÉON.

MONSIEUR,

C'est ainsi que bondit un jour l'impatience du martyr de Saint-Hélène, lorsque les flots des passions de parti allaient, des bords de la Seine et de la Tamise, frapper avec fureur cette âme condamnée aux souffrances perpétuelles par le tribunal des rois.

Crucifige eum, quia est malefactor, avaient dit au proconsul romain les persécuteurs du Juste, dont ils redoutaient l'ascendant moral : *Qu'il périsse par la torture morale*, ont crié, dix-neuf siècles plus tard, les ennemis du Représentant de la Révolution qui les faisait trembler.

C'est ainsi que l'humanité, toujours victime de son ignorance et de la perversité des fourbes, après avoir vu crucifier son Rédempteur, au milieu des outrages et des imprécations, a vu assassiner lentement, au milieu des noirceurs et des calomnies de tous genres, son Régénérateur.

1849

1.

S'expliquera-t-on l'anomalie qui se manifeste aujourd'hui? Des hommes d'élite, des Français, se faisant passer pour ennemis des rois et amis des peuples, viennent, après vingt-huit ans de silence et d'obscurité qui accompagnent éternellement l'Homme-Destin dans sa tombe, reproduire toutes les abominations que la haine, la vengeance et l'esprit de parti avaient déversées sur sa vie captive et torturée, si pleine de faits et de dévouement pour la cause de la démocratie;

Que, dans ces temps, où la lâcheté et l'infâmie de quelques-uns l'emportèrent sur les sentiments héroïques de tous, on ait traité si indignement l'idole renversé de son autel, on le conçoit : C'est la destinée des vaincus. Alors les hommes politiques disent : *Il faut céder au vent qui domine,* et aussitôt la vérité et la justice tombent; la vertu se meurt; toutes les viles ambitions se démasquent, sans honte, et l'amour exclusif de soi, devenu la loi suprême, secoue, sans hésitation, jusqu'à l'honorable fardeau de la reconnaissance. Alors il est prudent d'abandonner et de calomnier l'opprimé, serait-il un héros; et la bassesse de prôner le vainqueur, serait-il un scélérat, s'appelle sagesse. Alors aussi, toutes les maximes de ces gens, qui se disent honnêtes, repoussées par l'intrépidité et le dévouement, servent de moyens justificatifs aux criminels, et de retranchements aux lâches, pour bafouer sans crainte les célébrités les plus pures, interpréter malignement les intentions les plus généreuses et flétrir, par le soupçon, les vertus les plus mâles.

Mais ce qu'il n'est pas aisé de concevoir, c'est que

des hommes d'une certaine réputation de républicains de talent et de cœur, parfaitement d'accord
avec les rois et les royalistes, ennemis naturels des
peuples, reproduisent aujourd'hui, contre l'homme-
peuple, qui n'est plus, les mensonges et les incrimi-
nations dont se souilla la noire cohue de 1815. Sont-
ils des légitimistes déguisés, ou des calculateurs d'é-
vènements, qui, comme d'habitude, s'occupent de
leurs intérêts, sous le manteau démocratique, en
empruntant, de l'esprit et du cœur des braves, des
qualités qu'ils n'ont pas?

Je ne puis pas vous placer dans une de ces deux
catégories; mais pourquoi avez-vous dit de Napoléon
ce qui n'est pas? Pourquoi avez-vous osé juger ses
intentions ?

Selon vous, « Napoléon n'était pas l'ami de la démocratie. Instrument et jouet de la Providence, il n'a-
vait nullement la conscience de ses actes. Ce n'était
qu'un homme de guerre et rien que cela. Ceux qui
lui ont prêté des intentions pacifiques n'ont été que
des flatteurs maladroits. Napoléon, lui-même, n'était
pas sincère, lorsqu'il voulait faire croire au monde
que la haine de l'Angleterre, pour la France, l'avait
seule forcé à être un grand capitaine, et que ses
lettres au roi de la Grande-Bretagne n'étaient que
des mensonges de conquérant ambitieux. C'est à son
insu qu'il travailla à l'unitarisation de la démocratie
en Europe. Il lui fallait la guerre. Hors de là il était
nul, et la paix eût rendu oisives ses plus hautes facultés. »

Voilà ce que vous avancez dans votre lettre du
10 août au président de la République

Je n'ai pas le courage de vous rendre l'amertume

que cette diatribe a versée dans mon âme; car vous ne voyez même pas, tant votre situation vous égare, l'offense grave que vous faites, dans Napoléon, à cette même démocratie, dont vous soutenez les intérêts. Expatrié, malheureux, je ne puis vous molester, par une réfutation acerbe, comme la peine que vous venez de me faire. Je veux, en honnête homme, respecter l'état d'un cœur ulcéré, impatient du fardeau que les évènements, et peut-être d'amers regrets, lui rendent insupportable. Je me concentrerai dans la raison.

J'avais oublié vos attaques à la mémoire de Napoléon, dans votre *Histoire de Dix ans,* où le persifflage contre lui le dispute au sarcasme : ce qui n'est pas bien historique. On m'avait assuré que vous étiez revenu là-dessus, et dans le banquet que les Corses, vos compatriotes, vous donnèrent, il y a environ quatorze mois, je prononçai un discours, dans lequel je vous exhortais au courage, dans vos luttes politiques, en vous faisant pressentir la persécution, et vous citant, à dessein, comme exemple, la fin opprobrieuse et imméritée de Napoléon, pour avoir tenté l'unité d'intérêts de tous les peuples.

Mais, aujourd'hui, dois-je vous confondre parmi tous ces reptiles, qui, depuis 1815, se traînent autour des talons éperonnés du géant de l'espèce humaine, cherchant à les salir de leur bave?

Je vous ai plaint : voilà tout ; car je me suis mis un moment à la place d'un homme de votre portée, qui, en proie au chagrin, a, sans doute, présent à l'esprit le mal incalculable qu'il a fait involontairement à la démocratie, comme membre du Gouvernement provisoire. Votre perturbation vous a empêché de reconnaître que le peuple ne se trompe jamais dans ses jugements, et que, en manquant de justice et de respect envers l'homme de son choix, vous avez méconnu, sans vous en douter, sa sagesse et sa force souveraine.

En effet, comment avez-vous pu dire que Napoléon n'aimait pas la démocratie, et, tout en convenant du bien qu'il lui a fait, croire que c'était à son insu?

Si en vue de reconquérir la popularité que les évènements vous ont fait perdre, vous allez imposer au jugement prodigieux de six millions de Français votre jugement anormal sur Napoléon, vous marchez évidemment en sens inverse de cette conquête. Et, après le peuple, que doivent penser de vous tant de fronts ridés par l'étude, l'expérience et la méditation, en vous voyant posé, avec tant d'assurance, comme juge des actes, des capacités et des intentions de la plus grande illustration de la France et de l'humanité, en lui présentant des erreurs pour des enseignements de politique et de sociabilité? Car enfin, à quel titre venéz-vous vous imposer à l'opinion universelle?

Sachez donc, puisque vous paraissez l'ignorer, que jamais la France, à aucune époque connue, n'eut de plus ardent ami des intérêts démocratiques que Napoléon, et que nul ne travailla et ne travaillera avec autant de sagacité et de connaissance de cause que lui à la réalisation de ces intérêts.

Sans fouiller les replis de l'histoire, pour y chercher toutes les preuves de détail, je m'arrête au système continental, que les esprits capables et profonds considèrent comme la production la plus magnifique, qui pût jaillir de l'entendement humain.

Quels pouvaient être, direz-vous, les avantages démocratiques de cette grande conception? Qui ne les a pas vus? Son triomphe eût apporté la liberté générale du commerce, que la suprématie maritime de l'Angleterre entravait partout. Auriez-vous oublié que le but de cette politique cavilleuse et perfide de Saint-James était le monopole commercial du monde, auquel elle tendait à imposer son despotisme mercantile et inhumain?

Napoléon voyait bien que cette suprématie tombée, avec son abominable politique, la liberté des mers rendait le commerce général à tous ses principes de développement, en favorisant, sur l'échelle la plus large, les transactions des échanges internationales. De là le progrès de l'industrie et de l'agriculture, ces deux sources de prospérité du commerce, dans lesquelles le travail et le génie trouvent tous les éléments du bien-être social. De là aussi tous les avantages moraux, et la réunion inévitable de tous les éléments d'ordre et d'intelligence intérieure. Par ce moyen Napoléon voyait que la stagnation du commerce ne serait plus venue paralyser l'industrie et immobiliser les produits de l'agriculture en les décourageant.

Aussi quelle vigilance, quels soins, quel caractère ne déploya-t-il pas dans l'exécution de son projet? Pour comprendre toute l'importance démocratique qu'il mettait au système continental, il faut lire les lettres qu'il écrivait à ses frères rois, surtout à celui d'Espagne. Il y avait attaché la paix et la prospérité du monde. En vain les lamentations des classes commerciales et industrielles de l'Europe, venaient-elles frapper son âme. Il n'en fut point ébranlé. Le malaise du peuple n'était-il pas immense, chronique, douloureux dans tous les États? Mais, si le remède était héroïque, violent, à l'exemple d'un habile médecin, qui attaque énergiquement une maladie grave à son foyer, Napoléon, avec la démonstration mathématique des résultats, voulut guérir, par une grande perturbation temporaire, le long et profond malaise des peuples, en le combattant en Angleterre, où le foyer de leurs calamités était allumé. Point de palliatifs; point de considérations : la justice, les convenances sociales avant tout. L'inquiétude générale devait cesser avec le mal sans laisser de convalescence; car le triomphe du système continental, n'étant que le triomphe de la cause démocratique, la simultanéité de tous les éléments de travail physique et intellectuel, serait née aussitôt du fond même des événements, qui concluaient de toute nécessité à la paix universelle.

Comment n'avez-vous pas compris ces vérités? On ne doit donc pas s'étonner si vous avez cru cet homme sans portée; puisque vous ne vous êtes pas aperçu que, envisageant la société avec d'autres yeux que les Fourrier et les Saint-Simon, auxquels la démocratie doit respect et reconnaissance, il savait à quel degré d'ascension morale et intellectuelle se trouvait l'esprit humain en France et en Europe, et sur quelle route il fallait le conduire, par des points transitoires, vers l'état normal des agglomérations humaines.

Cependant Napoléon voyait bien les terribles chances que ce système apportait à la Révolution. Tous les États du continent, encore trop arriérés dans leurs industries, éprouvaient un besoin pressant des articles manufacturés et coloniaux exploités par l'Angleterre ; les embarras de la situation, que les vues humanitaires du grand homme faisaient au monde, s'aggravaient et se compliquaient tous les jours ; les tiraillements intérieurs ; les mauvais vouloirs des alliés ; le relâchement des cordons douaniers étaient alarmants : il y avait là un immense enjeu de part et d'autre ; mais l'Angleterre ne nous avait-elle pas déclaré une guerre à mort ? Ne fallait-il pas vaincre ou mourir ? Et Napoléon pouvait-il abandonner la cause du peuple ?

C'est ainsi qu'après avoir mis l'Angleterre au ban de l'Europe, il détachait ses regards de ses plans de campagne, objet subordonné de ses vues sociales, pour veiller sur ce peuple qui avait reposé avec tant de confiance son sort, sur sa loyauté et sa fidélité. Il passait en revue toutes les parties de l'administration générale, pour en assurer le mouvement régulier ; infiltrait l'esprit d'amélioration dans les champs et les ateliers ; partout s'élevaient des maisons et des villages à neuf ; de nombreux ponts liaient les bords des rivières ; de grandes routes s'ouvraient dans toutes les directions, même à travers des montagnes et des précipices ; de profonds canaux se creusaient à d'énormes distances ; partout enfin ondulait le souffle de son génie et de sa sollicitude, en offrant de grands encouragements aux hommes des sciences et des arts. La science politique recevait de sa main une impulsion saine, moralisante, et malgré les charges de la guerre, et quelquefois la disette, l'État prospérait, les impôts étaient à jour et le peuple ne connaissait pas les péripéties du besoin·

Tel est l'homme que vous désignez comme l'ennemi de la démocratie, et ne sachant pas ce qu'il faisait.

Pourtant le système continental périt, avec lui s'évanouirent toutes les espérances de Napoléon, et les motifs d'entente parmi les nations furent indéfiniment suspendus. A qui la faute? L'histoire le dit. Néanmoins qui niera que, si aujourd'hui la France ne connaît presque pas de concurrents dans le monde industriel, et si les nations civilisées de l'Europe ont développé leurs ressources intrinsèques, c'est aux combinaisons du système continental qu'on le doit? Aussi, c'est dans tous les recoins de l'Asie et de l'Afrique que le commerce anglais a été forcé d'aller imposer ses débouchés.

La sollicitude de Napoléon pour le peuple ne se borna pas au bien-être, il en favorisa le développement moral et intellectuel. Partout il fit élever des écoles primaires, répandant dans les villes et les campagnes des germes de civilisation. Elles n'avaient pas encore toute la portée désirable, mais le temps et des circonstances plus heureuses y eussent apporté leurs compléments.

Les orphelins des braves, élite de la démocratie, que la faux de la guerre avait moissonnés, à la défense de la révolution, étaient l'objet de sa prédilection. Des écoles spéciales étaient ouvertes à toutes les classes de la société, puisque malheureusement il y avait des classes alors, comme aujourd'hui, où elles se confondaient dans l'égalité d'une existence et d'une éducation commune, et un corps de lois, dont plus d'une fois il avait discuté, en plein conseil, de scabreux articles, consacrait tous les principes : monument éternel, le plus puissant témoignage des tendances démocratique du grand législateur, et qui, quoique passible progressivement de modifications, comme toutes les institutions humaines, restera dans l'humanité, palpitant de justice et de vérité, quand celui de la place Vendôme, attestation d'une gloire inhumaine, quoique déterminée par une résistance nécessaire, la seule que vous ayez l'audace d'accorder à Napoléon, se décomposera oxydée par le temps, si elle n'est pas détruite par le vandalisme des partis.

Tout enfin avait pris vie, instruction, moralité, dignité, sous les yeux de ce novateur, qui quittait avec bonheur l'épée pour créer et organiser des États, prendre la balance de la justice, débattre, au milieu des plus grands talents du siècle, les questions les plus ardues du droit, de l'administration, des finances, au grand étonnement des talents spéciaux, dans toutes les branches du service public, qui mesuraient en lui un savoir universel sans exemple.

Tout pour le peuple français, fut la devise de sa vie, tant qu'il fut au pouvoir. Dans les angoisses mortelles de son exil, *le peuple français* fut sa préoccupation dominante, et lorsqu'il arrêtait sa pensée sur sa famille: *Qu'ils fassent tout pour le peuple français*, disait-il, *et quiconque d'entre eux se rendrait indigne de la France, serait indigne de porter mon nom.*

Pourquoi, lorsqu'il en était temps encore, ne fit-il pas avec le peuple, ce qu'il crut pouvor faire, seul, pour le peuple!

Voilà ce que dit l'histoire *des tendances anti-démo cratiques de Napoléon et de sa nullité, en dehors de ses facultés militaires!* Et en présence de ces faits, vous pouvez soutenir le contraire!

Comment peut-on dire, après cela, que la vénération du peuple, pour Napoléon, ne vient que du prestige de la gloire! O détracteurs, vous le rapetissez donc bien, ce peuple! Lui, qui fait les révolutions et accomplit tous les sacrifices, avec un dévouement sublime, en exécutant tant de grandes choses, serait assez aveugle et mesquin, pour s'engouer aujourd'hui même de la gloire d'un *ambitieux conquérant*, qui aurait coûté au monde tant de larmes et de sang? Y avez-vous bien réfléchi?

Non, le peuple qui a souffert avec Napoléon, parce que Napoléon a souffert pour lui, tire sa vénération d'une source plus vraie, plus élevée, plus pure, le dévouement. -

Il y avait entre ces deux êtres, l'un créateur, l'autre créature, réciprocité de vives sympathies, fondées sur une haute estime réciproque.

Que répondrai-je à votre mysticisme, sur le prétendu rôle d'instrument passif et de jouet, que la Providence aurait imposé à cet homme des destins? Je n'aurais pas la faiblesse de le relever, je ne saurais imiter ce langage.

Seulement je veux relever l'idée qui complète ce jugement catholique : *Il n'avait pas la conscience de ses actes!*

Quoi! Napoléon, *la source du génie*, n'avait pas la conscience de ses actes!

Ainsi, le peuple français, le plus spirituel, le plus éclairé, le plus judicieux, le plus civilisé de la terre, aurait été, en présence des plus éclatantes notabilités du siècle, porter son choix sur un imbécille, un insensé, pour régler, même despotiquement, son sort et celui du monde, par cela seul qu'il savait gagner des batailles! Et les grandes corporations de l'État, le Directoire, le corps des anciens et des représentants, les têtes les plus fortes et les plus lumineuses auraient, en aveugles, secondé ce peuple dans cette sublime manifestation, unique dans l'histoire de tous les temps! L'étrange allégation!

Napoléon était donc nul, en dehors de ses facultés militaires, lorsque, cumulant par degré sur ses épaules l'effrayante responsabilité de 150 millions d'hommes, il la supporta, avec tant de courage et de fatigues, au milieu de tant d'obstacles et de combats intérieurs et extérieurs? Il était donc nul, lorsqu'il s'occupait avec tant de constance et sans relâche de leur présent et de leur avenir, sous tous les rapports, civils, politiques, administratifs; voyant tout, jugeant tout, donnant partout le spectacle d'une activité, d'un zèle et d'un dévouement, qui ne se sont jamais démentis? Il était donc nul, quand, après avoir dit: *Le peuple veut que je lui sacrifie ma vie tout entière? j'obéis à sa volonté,* il disait: *Qui, après moi, pourra soutenir un tel fardeau?*

O monsieur! A peine vingt-huit ans ont-ils étendu sur cette tombe une légère couche de poussière, que vous venez la remuer de votre souffle, ajoutant au souffle de quelques autres! Pourquoi? Apparemment, parce que vous trouvez que l'inquisition des rois et leurs complices n'ont pas assez fait, pour torturer et noircir cet ennemi acharné de la révolution et de la démocratie, en faveur desquelles ils l'avaient combattu sans trève! n'est-ce pas? En effet, leur devise est là: *La liberté, l'égalité, ou la mort!*

Implacable esprit de parti! toujours injuste et féroce, même envers des cendres!

Napoléon n'était donc qu'un homme de guerre et rien que cela ; et ceux qúi lui ont prêté des vues pacifiques, n'étaient que des flatteurs ; et ses lettres au roi d'Angleterre, n'étaient que des mensonges de conquérant !

Ne craignez-vous pas d'être en révolte contre la vérité morale ? Et ne vous apercevez-vous pas que ce que vous dites de Napoléon offense gravement le peuple, qui l'idolâtre, et sur le grand jugement duquel vous prétendez faire prévaloir le vôtre ?

Répondez-donc loyalement ? Qui a violé la paix de Léoben ? Le cabinet de Vienne, malgré ses défaites, pensait à continuer la guerre : il le prouva plus tard, en reprenant l'offensive et nous chassant de l'Italie, lorsque le grand homme usait sa vie dans les sables brûlants de l'Égypte, à la poursuite d'un projet immense ; le Directoire voulait aussi poursuivre les hostilités. Napoléon, se livrant à un mouvement de colère, lorsqu'il s'aperçut de la ruse perfide de la diplomatie germanique, effraya les plénipotentiaires par une menace terrible, et détermina cette paix, en dépit du Directoire et de l'Autriche. Vainqueur, il la proposait toujours, et les vaincus la violaient.

A son retour d'Égypte, et après avoir sauvé la France et reconquis l'Italie, qui fit des démarches, pour obtenir la paix du monde ? Napoléon, qui venait d'être élevé par le suffrage populaire à la suprême magistrature de la France. Et vous savez quelle réponse insultante il reçut du cabinet de Saint-James, et vous en reproduisez le souvenir, en l'entachant de mensonge de conquérant, au lieu de bondir de colère, contre l'ennemie naturelle de notre bien-être et de notre repos ! Oh ! non, il y eut toujours vérité métaphysique entre les sentiments, les pensées, les paroles et les actes de Napoléon.

N'était-ce pas toujours lui qui, après avoir puni d'injustes agressions, faisait à nos ennemis des avances de paix? Et quand il voulait les vaincre, n'était-ce pas pour les forcer à la paix? Il lui fallait la guerre, dites-vous! Mais qui viola la paix de Lunéville et d'Amiens? Qui viola celle de Tilsitt même? N'est-ce pas lui qui voulut toutes les paix? Et n'est-ce pas l'alliance impie des rois qui les viola toutes? Pourquoi donc venez-vous imposer vos opinions à la place de l'histoire? Une diplomatie tortueuse, l'esprit de parti, des haines individuelles, peuvent bien trouver prétexte aux iniquités; mais un homme tel que vous, qui s'occupe d'histoire et se pique de justice, que ne repousse-t-il pas ces moyens-là?

Si vous jetiez le prisme qui vous trompe, vous diriez que, non-seulement Napoléon n'aimait pas la guerre; mais que, si l'Empire a croulé ce n'est ni par l'acharnement de nos ennemis, ni par la trahison, ni par les rigueurs de la nature, ni par l'immobilité dans laquelle Napoléon voulut laisser le peuple, quand il fallait le soulever; mais par la modération qu'il mit dans ses triomphes, lorsqu'il était de son devoir de pousser ses succès jusqu'à leurs dernières conséquences. C'est son amour de la paix et sa bonté, qui l'ont tué.

Enfin, si, en 1812, nous avons subi la peine de l'extermination, dans les champs de la Russie, n'est-ce pas au temps précieux que nous fit perdre l'attente de cet homme, à des ouvertures de paix? Et s'il exigea du Pape les concessions réclamées par les besoins du temps, n'est-ce pas pour assurer la paix du monde chrétien? Et quand il répondait, par une guerre à outrance, à l'inimitié inouie de l'Angleterre, n'est-ce pas pour la forcer à demander la paix, qu'elle avait toujours refusée à ses instances?

O mon Dieu! Et quelles preuves plus éclatantes de ses tendances pacifiques que sa joie à l'avènement de Fox à la tête du cabinet de Saint-James?

Il aimait la guerre, dites-vous, et quand, après une victoire remportée, il faisait ouvrir les rangs à son armée, pour faciliter la retraite des ennemis vaincus, il répondait à un général, qui l'engageait à poursuivre ses succès, *il y a assez de sang et de larmes répandus: n'en faisons pas couler davantage.* Ou bien, après avoir parcouru les lignes de son camp, à la lumière des flambeaux, la veille d'une bataille mémorable, il disait, tout ému de l'enthousiasme dont il venait d'être l'objet, *c'est un des plus beaux jours de ma vie, mais je regrette que demain j'aurai perdu grand nombre de ces braves.* Ou bien, après le carnage d'Eylau, parcourant, triste et penché sur son cheval de bataille, le champ jonché de morts et de mourants, il disait à un général qui voyait son chagrin et tâchait de le distraire par des idées de gloire, *un père qui vient de perdre ses enfants ne goûte aucune des chances de la victoire. Quand le cœur parle, la gloire même n'a plus d'illusion.* Mais tout cela, qu'était-ce? des mensonges de conquérant, n'est-ce pas?

Aussi, pour prouver la passion de Napoléon pour la guerre, vous n'hésitez pas à citer le grand mot du grand Alexandre, lorsque, dans cet heureux temps, que la France n'a point oublié, il demandait, en riant, à la vue du salon de la Paix, aux Tuileries, *ce que Napoléon faisait de ce salon-là?* C'est aussi, pour

prouver votre assertion, que vous reproduisez sans
balancer, à la face du peuple français, la sentence de
ce fameux Pitt, qui souffla partout la haine du nom
des français et de l'Empereur, *tant que cet homme
sera à la tête de la France, l'Angleterre ne sera pas en
sûreté.* Allons, monsieur, la main sur la conscience,
dites si un cœur national, juste et honorable, peut
lire ces aberrations sans ê re très désagréablement
ému.

Ici, vous me réveillez un souvenir. En 1824, j'étais
auprès de la petite-fille de Chatam, à *Djioun*, sur une
crête du Liban, qui domine les débris de Sidon.
Un soir, défendant son oncle Pitt des griefs que l'histoire faisait peser sur lui, relativement aux calamités
dont sa politique avait affligé l'Europe, et aux com-
plots ourdis sous ses yeux, contre la vie de *l'homme
qui était à la tête de la France,* elle exclama, avec un
ton de sybille : *Un jour viendra, où une plume française
justifiera Pitt.* Serait-ce la vôtre? j'ai besoin de repous-
ser cette idée.

Passons à une autre question. Après avoir longtemps
soumis mon esprit à la torture, consulté à plusieurs
reprises les faits les plus saillants de notre histoire
contemporaine et épuisé toutes les ressources de ma
logique, je ne puis trouver une seule donnée, un seul
indice, pour supposer que c'est à son insu que Napoléon a travaillé à unitariser la démocratie européenne.

Savoir, c'est connaître les choses par leurs causes.
Vous avez parlé d'un fait, l'unitarisation de la démocratie ; mais vous laissez la cause latente, dans l'om-
bre du mysticisme providentiel. Ce n'est pas là de la
logique, du savoir.

Quelle intelligence saine dira avec vous que ce n'est

pas la révolution personnifiée qui sillonnait, avec Napoléon, l'Europe, en la démocratisant par la propagation sourdement inoculée des principes régénérateurs? Non : le génie de Napoléon ne parcourait pas les nations vaincues en aveugle. Il n'avait pas besoin de lever la voix pour proclamer les idées révolutionnaires; celle du canon était retentissante. C'est cette voix qui a propagé et vivifié ces idées en purifiant le cœur. Votre paix, à tout prix, c'est la corruption, la mort. Le génie de Napoléon sillonna le monde, en voyant tout; parce qu'il connaissait tout, approfondissait tout. Et cela est si vrai que plus d'un travailleur, ardent à le suivre dans des labeurs immenses, a succombé à sa tâche.

Qui, autant que lui, avait compris le naufrage des Montagnards? Marcher sur leurs traces, c'eût été finir comme eux, sans sauver ni les principes, ni la France; car, pourquoi les Montagnards étaient-ils tombés? Parce que la force morale du peuple les avait abandonnés, et l'on n'est fort que par là. Et pourquoi cette force les avait-elle abandonnés? Parce que fatigué d'un mouvement trop précipité, qui n'était pas en rapport avec ses puissances vitales, le peuple ne pouvait plus suivre la ligne d'opération sur laquelle ils s'étaient courageusement élancés, sans en mesurer la portée, ni évaluer les obstacles qu'ils rencontraient à chaque pas.

Mais la logique de Napoléon était autrement exacte et concluante. Il vit bien quelle direction il devait donner à la Révolution, pour l'amener à son but. Voyez quel terrain tous les novateurs ont fait gagner à l'esprit humain, depuis la déchéance de Napoléon. Le monde est cependant en paix depuis trente-cinq ans. Cela ne doit-il pas prouver à l'évidence que l'esprit humain ne peut, comme l'aigle, franchir l'espace à tire d'aile? Napoléon le fit marcher de pied ferme, sur une courbe, et son génie et les évènements hostiles qui le combattaient prouvent si bien sa secrète pensée révolutionnaire, que l'inquisition des rois, l'ayant comprise mieux que les prétendus libéraux français d'alors et d'aujourd'hui, n'a jamais cru à ses allures monarchiques. Que nos brouillons l'eussent secondé, au lieu de lui faire de l'opposition, et la Révolution serait peut-être complétée aujourd'hui sans agitations et sans catastro hes.

Donner à l'esprit humain plus de vitesse que ne le comporte sa nature, c'est l'exposer à des chutes, qui le laissent longtemps dans un état de lassitudeet d'immobilité. C'est la condition où malheureusement nous ont placés des novateurs trop pressés d'arriver.

A l'inverse de ces hommes, Napoléon s'empara de la société, non pour la rendre tout-à-coup telle qu'elle doit être, car il ne l'aurait pu ; mais telle les circonstances et ses conditions d'existence, à l'extérieur comme à l'intérieur, le permettaient. Et vous, homme de haute intelligence, vous n'avez pas apprécié l'usage que cet homme fit du pouvoir, dans le milieu social où nous vivions et dans les crises sanglantes qui nous tourmentaient! Et vous n'avez pas vu que les grands enseignements de l'époque, des passions militantes, des traditions et de l'expérience, avec tout ce qu'ils apportaient de complications éventuelles, ne pouvaient pas passer devant la vaste et lumineuse pensée de cet homme, sans être sagement évalués ! Comment avez-vous donc étudié notre histoire?

Vous vous êtes scandalisés de ce qu'il n'a pas combattu de grands préjugés séculaires. Mais on ignore donc encore qu'on n'attaque pas impunément de front un grand préjugé. Pour l'anéantir, il est sage de le miner lentement à sa base. C'est ce que fit Napoléon. Les préjugés les plus graves, apparemment frappés dans la célèbre séance du *Jeu de Paume*, étaient encore vivaces en France et puissants dans toute l'Europe. Napoléon s'en empara, les remania, les altéra, et leur imprima un mouvement supérieur si habilement combiné que, contrairement à leur esprit primitif, il les fit concourir au triomphe de la Révolution. Tel est l'esprit que tout homme réfléchi, qui voudra étudier mûrement cette question, trouvera dans ces royautés roturières, ces priviléges, ces titres de nouvelle aristocratie, enfants d'un mérite réel, qu'il mariait avec sagacité à l'ancienne, afin de la déborder, se servant ainsi des armes mêmes de l'oligarchie, pour la fondre un jour, sans violence, dans les droits imprescriptibles de la démocratie. S'il a dit à Sainte-Hélène : *J'avais consolidé les rois sur leur trône*, pourquoi supposer qu'il l'avait fait en haine de la démocratie, lorsque ses vues étaient opposées? L'avilissement qu'il avait imprimé sur le bandeau des rois, ne prouvait-il pas assez qu'il voulait faire descendre la royauté dans le domaine de la démocratie, d'où la sienne, qui ne l'avait pas ébloui et dont il ne jouit jamais, venait de sortir? Et comment n'avez-vous pas vu que cet homme, dominé par la passion du travail et qui ne s'abaissa jamais aux goûts et à la tendance de la propriété, voulait progressivement

noyer tous les priviléges et tous les préjugés dans l'é-
galité et la vérité, qu'il avait adoptées pour bases du
nouvel édifice social qu'il avait entrepris?

En effet, que devaient penser tous ces millions de
Français, qui lui avaient confié le dépôt de leur puis-
sance souveraine, en le voyant remplir si dignement
sa tâche? Ne devaient-ils pas voir en lui une des
grandes prérogatives qui n'appartiennent qu'à Dieu
et au peuple, lorsque, se jouant des trônes et des rois,
il transformait de vieilles monarchies en ateliers de
travailleurs roturiers de la Révolution? La démocratie française s'en souvient; elle s'en souviendra toujours; elle l'a compris instinctivement, et vous prétendez que lui, homme complet de tous les temps,
était assez aveugle pour ne pas voir l'effet que cette
violation, toujours palpitante, du prestige royal devait produire, plus tard, dans la démocratie du monde?
Quoi donc! tous les peuples de l'Europe auraient
deviné la portée de leur force et de leur dignité, en
voyant cette sublime émanation de la souveraineté
populaire, le petit chapeau sur la tête, recevoir à l'en-
trée de sa tente poudrée, et le suivre, chapeau bas,
dans une longue file, la foule des rois, des princes et
des principicules de l'Europe, soumis à sa volonté,
et lui, lui seul, n'aurait pas compris sa position?
Quelle ironie superbe ne devait pas être, pour la démocratie française, le spectacle que lui offrait cet
homme, qui la représentait, à la face des nations et des
rois! Et vous, homme de savoir, Français, martyr des
intérêts démocratiques, qui devriez placer Napoléon
un peu au-dessus de la nature humaine, vous le ra-
valez à la condition d'automate, à l'exemple des Cha-
teaubriand, des Lamartine et de tous ces royalistes

prévaricateurs, qui ont fait alternativement du légitimisme et de la démocratie, pour le malheur de l'un et de l'autre !

Hélas! on voit bien que vous avez oublié ou feignez d'oublier ces paroles de Caton-le-Grand : *Ceux qui viendront après nous ne comprendront pas par quels ressorts nous avons été forcés d'agir*. Ou bien on peut vous faire l'application de celles que l'injustice et l'ingratitude de parti arracha au martyr de Sainte-Hélène : *N'ai-je donc commandé qu'à des pygmées, pour avoir été si peu compris !*

Ce n'est pas tout encore. Vous accusez Napoléon de conquérant et d'ambitieux.

Ici, il faut l'avouer, vous êtes dans le vrai, quant aux faits, si vous en êtes trop loin, quant à l'esprit ; car ni la raison, ni l'histoire, ni l'opinion publique ne révoquent en doute la légitimité et l'inappréciable mérite de ces deux tendances. Arrière la passion ! et méditez.

Qui, après la révolution de 89, promena, en Europe, pendant un quart de siècle, les brandons de la guerre, pour détruire notre indépendance et notre nationalité ? L'Angleterre épouvantée, qui ébranla contre nous l'oligarchie de toutes les nations, non moins épouvantées qu'elle. Pendant un quart de siècle, la coalition, toujours renaissante de cette oligarchie, à la tête de laquelle était Pitt, ne nous a pas permis de prendre langue un seul jour, jusqu'à ce que les passions et les erreurs de quelques Français lui aient prêté leur appui pour la faire triompher. Le génie de la France fut donc forcé, en se défendant, d'affaiblir, tantôt l'un, tantôt l'autre de ses ennemis, afin de les empêcher de nous nuire, et de se créer des auxiliaires ou de les rendre plus forts ;

pour une société, comme pour un individu, ex-
posé sans cesse à d'injustes agressions, le sentiment
de conservation est équitable et naturel. Dans des
dangers de tous les jours, pourquoi Napoléon n'aurait-il pas eu le droit de fortifier la France, par la ré-
duction des forces de ses ennemis qui la traquaient à
outrance?

C'est donc l'exaspération et la persistance des attaques de l'oligarchie européenne, intéressée à nous
écraser sous sa force numérique, qui a poussé Napoléon, le génie de la France, à la conquête, et ce sont,
sans conteste, les coalisés mêmes qui l'y ont conduit,
comme par la main. Est-ce à vous de nier cette vérité
historique et de méconnaître cette nécessité?

Mais cette tendance forcée à la conquête ne s'est
point bornée à l'esprit de conservation nationale : elle
a amené nécessairement à une ambition que les
âmes grandes et généreuses seules comprennent.

Aussitôt que, par son système satanique, et par la
guerre à mort qu'il nous avait déclaré, le cabinet de
Saint-James avait forcé Napoléon de recourir au système continental, la mission de cet homme changeait
nécessairement. Du caractère national, elle passa im-
médiatement au caractère humanitaire. Il vit qu'il
pouvait devenir le chef de l'humanité, s'il pouvait
anéantir la suprématie maritime de l'Angleterre, en
la mettant au ban de tous les ports de l'Europe.

Habitué aux grandes et vastes conceptions que lui
suggéraient son esprit et son cœur en harmonie,
il visa à s'emparer des principes les plus vitaux de la
famille humaine, pour les diriger simultanément vers
le même but, en constituant partout les unités d'intérêts matériels et moraux. Voyez ses tentatives

pour confondre sur un même point les deux vérités politique et religieuse. Et son œuvre était si immense, et il le sentait si bien, qu'il se vit a la veille de réaliser cette grande prédiction de Montesquieu (trente-cinquième lettre persane). *Il viendra un jour..... où tous les hommes seront étonnés de se voir sous le même étendard.*

Et comment n'en aurait-il pas été ainsi, quand cet homme avait mesuré toute la portée politique et morale des nations européennes? Et qui, mieux que lui, pouvait souffler partout le génie de la vraie civilisation et y imprimer, avec son influence prodigieuse, le feu de l'intelligence et de la moralité? Qui, mieux que lui, pouvait former les hommes aux pensées généreuses, aux nobles sentiments, à l'abnégation et aux sacrifices, à la constance, dans toutes les privations, au courage dans tous les dangers, à la force, dans toutes les douleurs, pour la patrie et l'humanité?

C'est ainsi que, conviant tous les peuples à la fraternité, il pensa réaliser la pensée chrétienne, dans la quelle, nul, depuis la chûte de l'Église primitive, n'est jamais entré plus avant que lui ; car il était consciencieusement et évangéliquement chrétien.

Est-ce dans ce sens que vous parlez de son ambition et de son esprit de conquête? Et bien! c'est ainsi qu'il fut conquérant. Quant à son ambition, il voulut *rendre le peuple français le premier peuple du monde, pour faire dépendre de son bonheur celui de tous les autres;* car il aimait le peuple français, *d'un amour de Corse, jaloux, immense,* pour me servir de l'expression d'un publiciste véridique et sincère. Ne parlez pas d'autre ambition : ce serait faux.

Enfin, si vous vouliez rester dans le vrai, vous

n'auriez pas dit que Napoléon faisait juger le duc d'Enghien, parce qu'il s'appelait le duc d'Enghien, mais parce qu'il avait conspiré contre sa patrie ; que madame Staël n'avait pas été expulsée de Paris, parce qu'elle se nommait madame Staël ; mais parce que, femme intrigante et orgueilleuse, aux bas bleus, elle était l'ennemie de la révolution.

Quant à la tache d'orgueil que vous lui attribuez, permettez-moi de vous dire que vous avez confondu une vertu avec un vice.

Napoléon fut fier : il devait l'être. Ne représentait-il pas la souveraineté du peuple français ? Aussi fut-il bon et humble comme le peuple, quand il le fallait : l'humilité est la compagne de la fierté. *Hommage au mérite malheureux !* disait-il, en envoyant consoler le vieux général Mélas, après sa défaite de Marengo, en ajoutant à ses compliments délicats, le don d'un beau sabre damas : d'où l'admiration du vieux brave. *Honneur au courage malheureux !* disait-il humblement et chapeau bas, à la vue d'ennemis blessés et prisonniers. Mais si on l'a vu prendre un ton hautain envers quelques célébrités, pour leur inconduite et leur mauvaise foi, était-ce orgueil, ou fierté ?

Aussi ni les hommes, ni les évènements ne l'ont jamais dompté. Quand il ne pouvait plus sauver la France, après avoir épuisé toutes les puissances de son âme, il en a contemplé douloureusement les ruines sur lesquelles le monde l'a vu presque seul debout, au milieu de tous les grands dignitaires de l'Empire, tombés ventre à terre.

Le malheur est la pierre de touche des grandes âmes, comme de l'amitié !!!!

Si Napoléon eût été orgueilleux dans la fortune, il aurait été bas dans l'adversité : la bassesse touche toujours à l'orgueil. Vérité de principe et de fait.

Napoléon fut donc fier, et sa fierté se montra d'autant plus digne du peuple français, que, se voyant condamné à un assassinat inoui, il s'enveloppa dans sa force socratique, et sublima progressivement sa gloire, avec ses tortures, à mesure qu'il avançait vers la tombe. C'est qu'il était vertueux.

En résumé, monsieur, vous convenez parfaitement de la mission démocratique de Napoléon ; nous sommes d'accord, avec cette différence, que vous la faites dériver d'une cause mystique, latente, à laquelle il obéissait aveuglément et même contrairement à ses vues ; tandis que je la fais dépendre de cette haute raison mûrie et formée par un travail incessant, voyant tout, avec l'évidence mathématique et précise qui l'a caractérisé. C'est que cette âme fut l'émanation la plus sublime, la plus magnifique, la plus complète de Dieu, depuis la création du monde ; est un pygmée qui ne l'a point compris.

Maintenant qui de nous deux a mieux jugé les principes, les sentiments et la portée intellectuelle et morale de l'empereur, le peuple et les esprits impartiaux et droits en jugeront. Le peuple et les hommes droits et impartiaux diront aussi si, après avoir enfin avoué, avec l'histoire, que Napoléon, malgré les formes de sa monarchie, dont il reconnaissait la frivolité caduque, en face du grand mouvement de l'esprit humain, favorisa, dans toute l'Europe, le triomphe prochain des idées démocratiques, avec le cosmopolitisme, vous pouvez vous permettre d'interpréter magistralement ses intentions, dans un temps surtout, où on ne peut plus douter que, *si les ennemis de la révolution ont chassé cet homme du palais des rois, où le bras du peuple l'avait porté, il est resté à tout jamais l'idole des chaumières et des ateliers.*

Preuve irréfragable, l'acte solennel du 10 décembre.

Recueillez-vous donc, sondez-vous bien, et avouez qu'il n'appartient qu'aux géants de toiser les géants. Soyons de bon compte : Comment ne vous êtes-vous pas aperçu qu'en blessant Napoléon, vous avez blessé cette démocratie qui le divinise ? Si vous saviez combien on est injuste dans le monde à votre égard, vous seriez plus prudent à l'égard d'autrui.

Mais, répondez-moi, je vous prie : pour incriminer Napoléon, comme vous le faites, il faut être franc de collier, et n'avoir rien à se reprocher ; cependant, comme membre du Gouvernement provisoire, étiez-vous bien démocrate, quand vous vous donniez un traitement de 75 mille francs ? Dégoûtés d'un tel acte, les vrais républicains ont péniblement tourné leurs regards derrière eux, pour contempler ces purs Montagnards d'autres temps, qui allaient se percher aux mansardes, ou se blottir dans d'obscurs entresols, afin de se maintenir, humbles et désintéressés qu'ils étaient, à la modique ressource du petit écu prolétaire.

Avez-vous sérieusement et cordialement pensé à la démocratie, lorsque, au lieu de garder et manier savamment et énergiquement le pouvoir, que le peuple-roi vous avait confié ; au lieu de jeter de solides fondements au nouvel édifice social, à l'abri des désordres et des luttes sanglantes, vous reculiez tous de-

vant la responsabilité que vous n'eûtes pas le courage
d'endosser? Ne proclamâtes-vous pas la loi intempes-
tive du suffrage universel, où devaient évidemment
se briser tous les éléments du bien naissant et se re-
constituer tous les éléments du mal, que la commo-
tion de février venait de paralyser? Vous avez été
assez aveugles pour ne pas voir les suites d'une telle
inconséquence!

Pensiez-vous solidement au bien réel de la démocratie, lorsque, loin de tenir au peuple vainqueur
un langage froid, vrai, positif, dicté par la raison et
la nécessité, en lui montrant les dangers et les diffi-
cultés de la situation, avec le pour et le contre des
probabilités, vous ne preniez pas les mesures équita-
bles, énergiques, sévères même, qu'exigeait l'attitude
sage et inflexible d'un si grand mandat? Vous vous
plaisiez, au contraire, ébloui par le succès moral de
votre dialectique entraînante, à l'initier dans un ordre d'idées que vous n'aviez ni la capacité, ni la puis-
sance de réaliser. Vous lui faisiez entrevoir, hélas!
trop légèrement et trop fatalement, un bien-être que
le milieu social, dans lequel nous vivons, ne pourra
jamais lui donner, malgré tous les efforts des so-
cialistes, et toutes les ressources que l'économie
politique peut offrir au gouvernement le mieux inten-
tionné.

Pensiez-vous mûrement à la démocraie, lorsque,
assis au pouvoir, avec vos collègues, au lieu de diriger nos armées à la frontière, pour activer la pro-
pagande républicaine, à laquelle il faudra bien venir
tôt ou tard, car en vain s'efforcerait-on de raffermir
en Europe l'édifice ébréché de la monarchie, vous les
teniez en observation autour de la capitale? Pensiez-

vous sérieusement à la démocratie, lorsque, au lieu
de déchirer les honteux traités de 1815, venger notre
humiliation des fourches caudines, deux fois subies,
et protéger nos amis, qui se relevaient de l'oppres-
sion où les avaient longtemps retenus les décombres
de l'Empire, vous vous occupiez de superficialités, de
dialectique éphémère, de mesures sans portée, de dé-
crets funestes, d'actes faibles et pusillanimes, dans
lesquels les fourbes, qui vous épiaient, retrouvaient
leur audace, pour combattre la Révolu tion, et organiser l'extermination de la démocratie?

Du reste, à part ces aberrations, pour lesquelles
vous êtes tous, soit par faiblesse, soit par lâcheté,
plus ou moins solidaires, étiez-vous sérieusement
les hommes de la démocratie, quand vous permet-
tiez qu'un d'entre vous, lançât, avec vos commis-
saires extraordinaires sans portée, sans capacité,
sans énergie et généralement sans conscience politique, ses manifestes et ses instructions sans moralité? Et pourquoi? Pour courir après une majorité
républicaine, à la Constituante, que l'ignorance et
la dépendance de la démocratie rendaient presque
impossible. Et qu'avez-vous fait en résumé? Vous
avez ravalé les principes républicains dans leur plus
haute moralité; puisque nul bien, quelle que soit son
importance, acquis au prix de la justice, de la vérité et
de la moralité, ne saurait être qu'un bien négatif,
condamné à tomber avec la cause anormale qui l'a
produit.

Pourquoi donc, je vous prie, vous trouvant dans
ces conditions malheureuses, venez-vous accuser
Napoléon d'avoir été l'ennemi de la démocratie?

Je crains une chose : c'est que vous ne fassiez,

comme d'autres, de l'opposition systématique, en portant une main sacrilége dans une urne, qui n'est pas aussi froide que vous le croyez, pour en jeter les cendres à la face d'un vivant. Prenez garde! vous jouez trop gros jeu avec un mort, qui vit dans tous les cœurs généreux.

J'ai trop étudié le monde, pour ne pas en apprécier les conditions actuelles, en prévoir les éventualités imminentes et m'empêcher de vous dire que ce n'est pas sur le plan que vous avez adopté que vous pourrez défendre la cause de la démocratie. Croyez-moi : changez votre ligne de conduite, si vous voulez arriver au but. Celle des oppositions systématiques, tracée par l'esprit de parti, n'est féconde qu'en mensonges, en noirceurs, en calomnies, en misères. Elle déborde d'iniquités, jusqu'à poursuivre outre tombe les célébrités les plus intègres, en haine d'un pouvoir qui triomphe. Un républicain vrai observe tout du haut de sa sphère intellectuelle; il agit, quand il le faut; mais ne laisse pas ébranler sa vertu. Si le bras du méchant l'atteint, il tombe; mais calme, pur, inflexible, comme Régulus et Socrate : un républicain vrai ne salit même pas sa pensée!

Voilà pourquoi votre lettre du 10 août m'a fait tant de mal. Est-ce pour Napoléon? Oh! non, sans doute. Ce grand nom n'appartient plus, ni à la Corse, ni à la France, ni à l'Europe; il est du domaine de l'humanité. Aussi tous les libellistes du monde, passé, présent et à venir, ne feront pas que le nom de Napoléon ne traverse toutes les générations, jusqu'au dernier des siècles, avec la réputation de l'homme le plus complet qui ait existé jusqu'à nous. Mais la vérité, la justice, la pudeur publique avant tout.

Pourquoi ne les avez-vous pas respectées? J'en souffre aussi pour vous; car, sur l'honneur! l'estime et l'attachement que je vous ai voués sont vrais et grands. Ne faites pas comme les pervers, qui cherchent, dans le bien même, un prétexte d'accusation.

Et vous pouvez me croire; car les républicains de ma trempe ne mentent pas. Si vous saviez quel cœur a vieilli dans cette poitrine fatiguée, et quelle âme vous juge, sous ce front ridé par les soucis que vous connaissez, vous comprendriez combien je dois gémir de voir les esprits de votre espèce descendre de la haute région où vous avez l'habitude de planer, pour frétiller terre-à-terre dans les mesquines tendances de parti, qu'un vrai républicain repousse.

Restez donc toujours à la hauteur des principes et que ni affections tendres, ni haines quelconques, ni puissantes considérations n'entrent jamais, par vos mains, en balance avec la justice, la vérité et l'intégrité de votre conscience. Soyez enfin toujours disposé à vous haïr, pour garder à cette démocratie votre amour illimité; mais ne la trompez pas!

C'est ainsi que j'étais, quand je veillais à l'île d'Elbe, avec des braves, sur les jours menacés de Napoléon, que je regardais, par rapport à la France, comme le centre d'un cercle enlevé de son aire.

C'est ainsi qu'il était lui-même alors, en pensant à son retour au milieu de ce peuple, comme un père de famille absent pense à aller s'asseoir à son foyer domestique.

C'est ainsi que j'ai promené mes tourments, depuis Waterloo, cette désastreuse journée de la démocratie, jusqu'en 1848, soit à travers l'Asie, l'Égypte et l'Archipel, où m'avait poussé le spectacle affligeant de la patrie ; soit à travers la France, où ma vie militaire a été traînée depuis 1830, en laissant partout la réputation de républicain sincère, dans toute l'acception du mot, et d'admirateur ulcéré de l'Empereur martyr.

Vous pouvez me connaître par-là, et juger si, fussiez-vous un de mes frères, pour lesquels je donnerais ma vie avec joie, il m'est possible de voir, sans ressentiment, outrager, dans ce grand nom, la vérité et la justice, la patrie et l'humanité, pour lesquelles il est prématment descendu là.

Traitez les Bonaparte vivants comme vous l'entendez. Si la liberté de la presse est à tous (je la voudrais illimitée), l'opinion, reine du monde, juge l'attaque et la résistance, les maximes, les pensées et les actes. Ils sont là, les Bonaparte vivants, réintégrés dans leurs droits de cité et au pouvoir. Malheureux, persécutés et dignes de leur grand nom, je les défendrais, au prix de mon sang. Ils sont puissants aujourd'hui ! Je resterai toujours l'homme de la vertu malheureuse et persécutée ! Si, en butte aux attaques, ils ont de la sagesse et de la vertu, ils répondront imperturbablement à leurs détracteurs, avec la dignité de Turenne : *Si mes ennemis disent vrai, je les remercie ; ils me mettent à même de me corriger ; s'ils ne disent pas vrai, ce n'est pas de moi qu'ils parlent.*

Respectez donc la liberté de mon langage en faveur du roi-peuple ; car il est inspiré par les plus hautes convenances sociales, et les vérités de principe et de fait. A ces titres je puis dire, tout haut, à quiconque ose affirmer le mauvais vouloir de Na-

poléon, pour la démocratie, que cela est si peu vrai,
que le jour n'est peut-être pas éloigné, où elle ven-
gera l'opprobre de sa mort par l'anéantissement
absolu de toutes les monarchies du monde.

A. RUSTERUCCI.

Rue Fortin, 14, aux Batignolles.

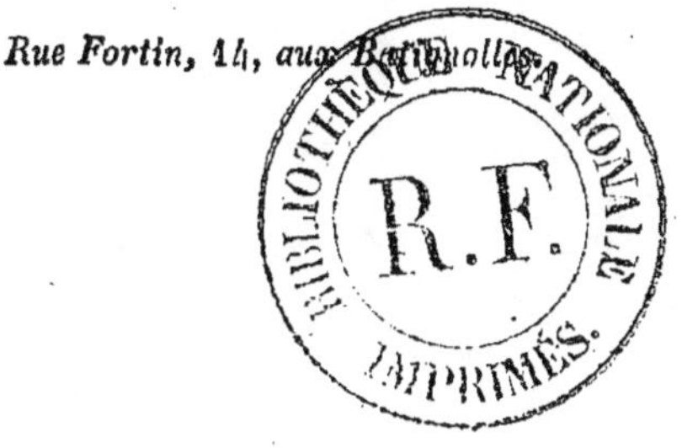